语文写霸
YUWEN XIEBA

折戟沉沙铁未销
自将磨洗认前朝
东风不与周郎便
铜雀春深锁二乔

初中
必背古诗文
田英章|书|正楷
中国硬笔书法协会首任会长

132篇

上海交通大学出版社
SHANGHAI JIAO TONG UNIVERSITY PRESS

图书在版编目（CIP）数据

语文写霸. 初中必背古诗文. 正楷 / 田英章书.—上海：上海交通大学出版社，2017（2018 重印）

（华夏万卷）

ISBN 978-7-313-18238-8

Ⅰ.①语…　Ⅱ.①田…　Ⅲ.①汉字–硬笔字–初中–法帖　Ⅳ.①G634.955.3

中国版本图书馆 CIP 数据核字（2017）第 255375 号

语文写霸·初中必背古诗文·正楷

田英章　书

出版发行：上海交通大学出版社　　　地　　址：上海市番禺路 951 号

邮政编码：200030　　　　　　　　　电　　话：021-64071208

出 版 人：谈　毅

印　　刷：成都蜀望印务有限公司　　　经　　销：全国新华书店经销

开　　本：787mm×1092mm　1/16　　印　　张：4.5

字　　数：108 千字

版　　次：2017 年 11 月第 1 版　　　印　　次：2018 年 7 月第 2 次印刷

书　　号：ISBN 978-7-313-18238-8

定　　价：20.00 元

目 录

古诗 GUSHI

关雎
《诗经》

关关雎鸠，在河之洲。窈窕淑女，君子好逑。参差荇菜，左右流之。窈窕淑女，寤寐求之。求之不得，寤寐思服。悠哉悠哉，辗转反侧。参差荇菜，左右采之。窈窕淑女，琴瑟友之。参差荇菜，左右芼之。窈窕淑女，钟鼓乐之。

蒹葭
《诗经》

蒹葭苍苍，白露为霜。所谓伊人，在水一方。溯洄从之，道阻且长。溯游从之，宛在水中央。蒹葭萋萋，白露未晞。所谓

伊人，在水之湄。溯洄从之，道阻且跻。溯游

从之，宛在水中坻。蒹葭采采，白露未已。所

谓伊人，在水之涘。溯洄从之，道阻且右。溯

游从之，宛在水中沚。

式微
《诗经》

式微式微，胡不归？微君之故，

胡为乎中露？式微式微，胡不归？微君之躬，

胡为乎泥中？

子衿
《诗经》

青青子衿，悠悠我心。纵我不

往，子宁不嗣音？青青子佩，悠悠我思。纵我

不往，子宁不来？挑兮达兮，在城阙兮。一日

不见，如三月兮！

观沧海
〔东汉〕曹 操

东临碣石，以观沧海。水何澹澹，山岛竦峙。树木丛生，百草丰茂。秋风萧瑟，洪波涌起。日月之行，若出其中；星汉灿烂，若出其里。幸甚至哉，歌以咏志。

龟虽寿
〔东汉〕曹 操

神龟虽寿，犹有竟时；腾蛇乘雾，终为土灰。老骥伏枥，志在千里；烈士暮年，壮心不已。盈缩之期，不但在天；养怡之福，可得永年。幸甚至哉，歌以咏志。

竹里馆
〔唐〕王 维

独坐幽篁里，弹琴复长啸。深林

人不知，明月来相照。

行军九日思长安故园
〔唐〕岑　参

强欲登高去，无人送酒来。遥怜

故园菊，应傍战场开。

池　上
〔唐〕白居易

小娃撑小艇，偷采白莲回。不解

藏踪迹，浮萍一道开。

登幽州台歌
〔唐〕陈子昂

前不见古人，后不见来者。念天

地之悠悠，独怆然而涕下！

送杜少府之任蜀州
〔唐〕王　勃

城阙辅三秦，风烟望五津。与君

离别意，同是宦游人。海内存知己，天涯若

比邻。无为在歧路，儿女共沾巾。

次北固山下
〔唐〕王 湾

客路青山外，行舟绿水前。潮平两岸阔，风正一帆悬。海日生残夜，江春入旧年。乡书何处达？归雁洛阳边。

使至塞上
〔唐〕王 维

单车欲问边，属国过居延。征蓬出汉塞，归雁入胡天。大漠孤烟直，长河落日圆。萧关逢候骑，都护在燕然。

望 岳
〔唐〕杜 甫

岱宗夫如何？齐鲁青未了。造化钟神秀，阴阳割昏晓。荡胸生曾云，决眦入归鸟。会当凌绝顶，一览众山小。

春 望
〔唐〕杜 甫

国破山河在，城春草木深。感时

花溅泪，恨别鸟惊心。烽火连三月，家书抵

万金。白头搔更短，浑欲不胜簪。

赠从弟(其二)
〔东汉〕刘 桢

亭亭山上松，瑟瑟谷中风。风声

一何盛，松枝一何劲！冰霜正惨凄，终岁常

端正。岂不罹凝寒？松柏有本性。

梁甫行
〔三国·魏〕曹 植

八方各异气，千里殊风雨。剧哉

边海民，寄身于草野。妻子象禽兽，行止依

林阻。柴门何萧条，狐兔翔我宇。

从军行
〔唐〕杨 炯

烽火照西京，心中自不平。牙璋

辞凤阙，铁骑绕龙城。雪暗凋旗画，风多杂

鼓声。宁为百夫长,胜作一书生。

别云间
〔明〕夏完淳

三年羁旅客,今日又南冠。无限山河泪,谁言天地宽。已知泉路近,欲别故乡难。毅魄归来日,灵旗空际看。

望洞庭湖赠张丞相
〔唐〕孟浩然

八月湖水平,涵虚混太清。气蒸云梦泽,波撼岳阳城。欲济无舟楫,端居耻圣明。坐观垂钓者,徒有羡鱼情。

题破山寺后禅院
〔唐〕常 建

清晨入古寺,初日照高林。曲径通幽处,禅房花木深。山光悦鸟性,潭影空人心。万籁此都寂,但余钟磬音。

送友人
〔唐〕李 白

青山横北郭，白水绕东城。此地一为别，孤蓬万里征。浮云游子意，落日故人情。挥手自兹去，萧萧班马鸣。

商山早行
〔唐〕温庭筠

晨起动征铎，客行悲故乡。鸡声茅店月，人迹板桥霜。槲叶落山路，枳花明驿墙。因思杜陵梦，凫雁满回塘。

饮 酒(其五)
〔东晋〕陶渊明

结庐在人境，而无车马喧。问君何能尔？心远地自偏。采菊东篱下，悠然见南山。山气日夕佳，飞鸟相与还。此中有真意，欲辨已忘言。

十五从军征
《乐府诗集》

十五从军征,八十始得归。道逢乡里人:"家中有阿谁?""遥看是君家,松柏冢累累。"兔从狗窦入,雉从梁上飞。中庭生旅谷,井上生旅葵。舂谷持作饭,采葵持作羹。羹饭一时熟,不知贻阿谁。出门东向看,泪落沾我衣。

月下独酌(其一)
〔唐〕李 白

花间一壶酒,独酌无相亲。举杯邀明月,对影成三人。月既不解饮,影徒随我身。暂伴月将影,行乐须及春。我歌月徘徊,我舞影零乱。醒时相交欢,醉后各分散。

永结无情游，相期邈云汉。

羌村三首(其三)
〔唐〕杜　甫

群鸡正乱叫，客至鸡斗争。驱鸡上树木，始闻叩柴荆。父老四五人，问我久远行。手中各有携，倾榼浊复清。"莫辞酒味薄，黍地无人耕。兵戈既未息，儿童尽东征。"请为父老歌，艰难愧深情。歌罢仰天叹，四座泪纵横。

木兰诗(节选)
《乐府诗集》

唧唧复唧唧，木兰当户织。不闻机杼声，唯闻女叹息。

问女何所思，问女何所忆。女亦无所

思,女亦无所忆。昨夜见军帖,可汗大点兵,

军书十二卷,卷卷有爷名。阿爷无大儿,木

兰无长兄,愿为市鞍马,从此替爷征。

东市买骏马,西市买鞍鞯,南市买辔

头,北市买长鞭。旦辞爷娘去,暮宿黄河边,

不闻爷娘唤女声,但闻黄河流水鸣溅溅。旦

辞黄河去,暮至黑山头,不闻爷娘唤女声,

但闻燕山胡骑鸣啾啾。

望天门山
〔唐〕李 白

天门中断楚江开,碧水东流至

此回。两岸青山相对出,孤帆一片日边来。

从军行
〔唐〕王昌龄

青海长云暗雪山， 孤城遥望玉

门关。黄沙百战穿金甲，不破楼兰终不还。

竹 石
〔清〕郑 燮

咬定青山不放松， 立根原在破

岩中。千磨万击还坚劲，任尔东西南北风。

己亥杂诗
〔清〕龚自珍

九州生气恃风雷， 万马齐喑究

可哀。我劝天公重抖擞，不拘一格降人才。

竹枝词(其一)
〔唐〕刘禹锡

杨柳青青江水平， 闻郎江上踏

歌声。东边日出西边雨，道是无晴却有晴。

惠崇《春江晓景》
〔宋〕苏 轼

竹外桃花三两枝， 春江水暖鸭

先知。蒌蒿满地芦芽短，正是河豚欲上时。

寒 食
〔唐〕韩 翃

春城无处不飞花，寒食东风御柳斜。日暮汉宫传蜡烛，轻烟散入五侯家。

滁州西涧
〔唐〕韦应物

独怜幽草涧边生，上有黄鹂深树鸣。春潮带雨晚来急，野渡无人舟自横。

枫桥夜泊
〔唐〕张 继

月落乌啼霜满天，江枫渔火对愁眠。姑苏城外寒山寺，夜半钟声到客船。

出 塞（其一）
〔唐〕王昌龄

秦时明月汉时关，万里长征人未还。但使龙城飞将在，不教胡马度阴山。

示 儿
〔宋〕陆 游

死去元知万事空，但悲不见九州同。王师北定中原日，家祭无忘告乃翁。

题临安邸
〔宋〕林 升

山外青山楼外楼，西湖歌舞几

时休？暖风熏得游人醉，直把杭州作汴州。

六月二十七日望湖楼醉书
〔宋〕苏 轼

黑云翻墨未遮山，白雨跳珠乱

入船。卷地风来忽吹散，望湖楼下水如天。

墨 梅
〔元〕王 冕

我家洗砚池头树，朵朵花开淡

墨痕。不要人夸好颜色，只留清气满乾坤。

书湖阴先生壁
〔宋〕王安石

茅檐长扫静无苔，花木成畦手

自栽。一水护田将绿绕，两山排闼送青来。

秋夜将晓出篱门迎凉有感
〔宋〕陆 游

三万里河东入海，五千仞岳上

摩天。遗民泪尽胡尘里，南望王师又一年。

晓出净慈寺送林子方
〔宋〕杨万里

毕竟西湖六月中，风光不与四时同。接天莲叶无穷碧，映日荷花别样红。

赠花卿
〔唐〕杜　甫

锦城丝管日纷纷，半入江风半入云。此曲只应天上有，人间能得几回闻？

早春呈水部张十八员外
〔唐〕韩　愈

天街小雨润如酥，草色遥看近却无。最是一年春好处，绝胜烟柳满皇都。

三衢道中
〔宋〕曾　幾

梅子黄时日日晴，小溪泛尽却山行。绿阴不减来时路，添得黄鹂四五声。

赤壁
〔唐〕杜　牧

折戟沉沙铁未销，自将磨洗认前朝。东风不与周郎便，铜雀春深锁二乔。

泊秦淮
〔唐〕杜 牧

烟笼寒水月笼沙，夜泊秦淮近

酒家。商女不知亡国恨，隔江犹唱后庭花。

夜雨寄北
〔唐〕李商隐

君问归期未有期，巴山夜雨涨

秋池。何当共剪西窗烛，却话巴山夜雨时。

登飞来峰
〔宋〕王安石

飞来山上千寻塔，闻说鸡鸣见

日升。不畏浮云遮望眼，自缘身在最高层。

闻王昌龄左迁龙标
遥有此寄
〔唐〕李 白

杨花落尽子规啼，闻道龙标过

五溪。我寄愁心与明月，随君直到夜郎西。

峨眉山月歌
〔唐〕李 白

峨眉山月半轮秋，影入平羌江

水流。夜发清溪向三峡，思君不见下渝州。

江南逢李龟年
〔唐〕杜 甫

岐王宅里寻常见，崔九堂前几

度闻。正是江南好风景，落花时节又逢君。

夜上受降城闻笛
〔唐〕李 益

回乐烽前沙似雪，受降城外月

如霜。不知何处吹芦管，一夜征人尽望乡。

秋 词(其一)
〔唐〕刘禹锡

自古逢秋悲寂寥，我言秋日胜

春朝。晴空一鹤排云上，便引诗情到碧霄。

十一月四日风雨
大作(其二)
〔宋〕陆 游

僵卧孤村不自哀，尚思为国戍

轮台。夜阑卧听风吹雨，铁马冰河入梦来。

潼 关
〔清〕谭嗣同

终古高云簇此城，秋风吹散马

蹄声。河流大野犹嫌束，山入潼关不解平。

春夜洛城闻笛
〔唐〕李　白

谁家玉笛暗飞声，散入春风满

洛城。此夜曲中闻折柳，何人不起故园情。

逢入京使
〔唐〕岑　参

故园东望路漫漫，双袖龙钟泪

不干。马上相逢无纸笔，凭君传语报平安。

晚　春
〔唐〕韩　愈

草树知春不久归，百般红紫斗

芳菲。杨花榆荚无才思，惟解漫天作雪飞。

贾　生
〔唐〕李商隐

宣室求贤访逐臣，贾生才调更

无伦。可怜夜半虚前席，不问苍生问鬼神。

过松源晨炊漆公店(其五)
〔宋〕杨万里

莫言下岭便无难，赚得行人错

喜欢。政入万山圈子里，一山放出一山拦。

约 客
〔宋〕赵师秀

黄梅时节家家雨，青草池塘处处蛙。有约不来过夜半，闲敲棋子落灯花。

月 夜
〔唐〕刘方平

更深月色半人家，北斗阑干南斗斜。今夜偏知春气暖，虫声新透绿窗纱。

乌衣巷
〔唐〕刘禹锡

朱雀桥边野草花，乌衣巷口夕阳斜。旧时王谢堂前燕，飞入寻常百姓家。

己亥杂诗
〔清〕龚自珍

浩荡离愁白日斜，吟鞭东指即天涯。落红不是无情物，化作春泥更护花。

钱塘湖春行
〔唐〕白居易

孤山寺北贾亭西，水面初平云脚低。几处早莺争暖树，谁家新燕啄春泥。

乱花渐欲迷人眼，浅草才能没马蹄。最爱湖

东行不足，绿杨阴里白沙堤。

雁门太守行
〔唐〕李 贺

黑云压城城欲摧， 甲光向日金

鳞开。角声满天秋色里，塞上燕脂凝夜紫。

半卷红旗临易水，霜重鼓寒声不起。报君黄

金台上意，提携玉龙为君死。

无 题
〔唐〕李商隐

相见时难别亦难， 东风无力百

花残。春蚕到死丝方尽，蜡炬成灰泪始干。

晓镜但愁云鬓改，夜吟应觉月光寒。蓬山此

去无多路，青鸟殷勤为探看。

黄鹤楼
〔唐〕崔颢

昔人已乘黄鹤去，此地空余黄鹤楼。黄鹤一去不复返，白云千载空悠悠。晴川历历汉阳树，芳草萋萋鹦鹉洲。日暮乡关何处是？烟波江上使人愁。

酬乐天扬州初逢席上见赠
〔唐〕刘禹锡

巴山楚水凄凉地，二十三年弃置身。怀旧空吟闻笛赋，到乡翻似烂柯人。沉舟侧畔千帆过，病树前头万木春。今日听君歌一曲，暂凭杯酒长精神。

游山西村
〔宋〕陆游

莫笑农家腊酒浑，丰年留客足鸡豚。山重水复疑无路，柳暗花明又一村。

箫鼓追随春社近，衣冠简朴古风存。从今若

许闲乘月，拄杖无时夜叩门。

过零丁洋
〔宋〕文天祥

辛苦遭逢起一经，干戈寥落四

周星。山河破碎风飘絮，身世浮沉雨打萍。

惶恐滩头说惶恐，零丁洋里叹零丁。人生自

古谁无死？留取丹心照汗青。

登 楼
〔唐〕杜 甫

花近高楼伤客心，万方多难此

登临。锦江春色来天地，玉垒浮云变古今。

北极朝廷终不改，西山寇盗莫相侵。可怜后

主还祠庙，日暮聊为《梁父吟》。

行路难(其一)
〔唐〕李 白

金樽清酒斗十千，玉盘珍羞直

万钱。停杯投箸不能食，拔剑四顾心茫然。

欲渡黄河冰塞川，将登太行雪满山。闲来垂

钓碧溪上，忽复乘舟梦日边。行路难！行路

难！多歧路，今安在？长风破浪会有时，直挂

云帆济沧海。

宣州谢朓楼饯别校书叔云
〔唐〕李 白

弃我去者，昨日之日不可留；乱

我心者，今日之日多烦忧。长风万里送秋

雁，对此可以酣高楼。蓬莱文章建安骨，中

间小谢又清发。俱怀逸兴壮思飞，欲上青天

览明月。抽刀断水水更流，举杯消愁愁更

愁。人生在世不称意，明朝散发弄扁舟。

茅屋为秋风所破歌
〔唐〕杜 甫

八月秋高风怒号，卷我屋上三

重茅。茅飞渡江洒江郊，高者挂罥长林梢，

下者飘转沉塘坳。 南村群童欺我老无

力，忍能对面为盗贼。公然抱茅入竹去，唇

焦口燥呼不得，归来倚杖自叹息。 俄顷

风定云墨色，秋天漠漠向昏黑。布衾多年冷

似铁，娇儿恶卧踏里裂。床头屋漏无干处，

雨脚如麻未断绝。自经丧乱少睡眠，长夜沾

湿何由彻！ 安得广厦千万间，大庇天下

寒士俱欢颜！风雨不动安如山。呜呼！何时

眼前突兀见此屋,吾庐独破受冻死亦足！

白雪歌送武判官归京
〔唐〕岑 参

北风卷地白草折，胡天八月即

飞雪。忽如一夜春风来,千树万树梨花开。

散入珠帘湿罗幕,狐裘不暖锦衾薄。将军角

弓不得控,都护铁衣冷难着。瀚海阑干百丈

冰,愁云惨淡万里凝。中军置酒饮归客,胡

琴琵琶与羌笛。纷纷暮雪下辕门,风掣红旗

冻不翻。轮台东门送君去，去时雪满天山

路。山回路转不见君,雪上空留马行处。

卖炭翁
〔唐〕白居易

卖炭翁,伐薪烧炭南山中。满面尘灰烟火色,两鬓苍苍十指黑。卖炭得钱何所营?身上衣裳口中食。可怜身上衣正单,心忧炭贱愿天寒。夜来城外一尺雪,晓驾炭车辗冰辙。牛困人饥日已高,市南门外泥中歇。 翩翩两骑来是谁?黄衣使者白衫儿。手把文书口称敕,回车叱牛牵向北。一车炭,千余斤,宫使驱将惜不得。半匹红纱一丈绫,系向牛头充炭直。

词曲

渔歌子
〔唐〕张志和

西塞山前白鹭飞，桃花流水鳜

鱼肥。青箬笠，绿蓑衣，斜风细雨不须归。

相见欢
〔南唐〕李　煜

无言独上西楼，月如钩。寂寞梧

桐深院锁清秋。　剪不断，理还乱，是离愁，

别是一般滋味在心头。

渔家傲·秋思
〔宋〕范仲淹

塞下秋来风景异，衡阳雁去无

留意。四面边声连角起，千嶂里，长烟落日

孤城闭。　浊酒一杯家万里，燕然未勒归

无计。羌管悠悠霜满地，人不寐，将军白发

征夫泪。

浣溪沙
〔宋〕晏 殊

一曲新词酒一杯，去年天气旧亭台。夕阳西下几时回？ 无可奈何花落去，似曾相识燕归来。小园香径独徘徊。

江城子·密州出猎
〔宋〕苏 轼

老夫聊发少年狂，左牵黄，右擎苍，锦帽貂裘，千骑卷平冈。为报倾城随太守，亲射虎，看孙郎。 酒酣胸胆尚开张。鬓微霜，又何妨！持节云中，何日遣冯唐？会挽雕弓如满月，西北望，射天狼。

水调歌头
〔宋〕苏 轼

明月几时有？把酒问青天。不知

天上宫阙，今夕是何年。我欲乘风归去，又

恐琼楼玉宇，高处不胜寒。起舞弄清影，何

似在人间。　　转朱阁，低绮户，照无眠。不

应有恨，何事长向别时圆？人有悲欢离合，

月有阴晴圆缺，此事古难全。但愿人长久，

千里共婵娟。

渔家傲
〔宋〕李清照

天接云涛连晓雾，星河欲转千

帆舞。仿佛梦魂归帝所，闻天语，殷勤问我

归何处。　　我报路长嗟日暮，学诗谩有惊

人句。九万里风鹏正举。风休住，蓬舟吹取

三山去！

**南乡子·登京口
北固亭有怀**
〔宋〕辛弃疾

何处望神州？满眼风光北固楼。

千古兴亡多少事？悠悠。不尽长江滚滚流。

年少万兜鍪，坐断东南战未休。天下英雄

谁敌手？曹刘。生子当如孙仲谋。

**破阵子·为陈同甫
赋壮词以寄之**
〔宋〕辛弃疾

醉里挑灯看剑，梦回吹角连营。

八百里分麾下炙，五十弦翻塞外声，沙场

秋点兵。马作的卢飞快，弓如霹雳弦惊。

了却君王天下事，赢得生前身后名。可怜

白发生！

采桑子
〔宋〕欧阳修

轻舟短棹西湖好,绿水逶迤。芳草长堤,隐隐笙歌处处随。 无风水面琉璃滑,不觉船移。微动涟漪,惊起沙禽掠岸飞。

望江南
〔唐〕温庭筠

梳洗罢,独倚望江楼。过尽千帆皆不是,斜晖脉脉水悠悠。肠断白蘋洲。

如梦令
〔宋〕李清照

常记溪亭日暮,沉醉不知归路。兴尽晚回舟,误入藕花深处。争渡,争渡,惊起一滩鸥鹭。

醉花阴
〔宋〕李清照

薄雾浓云愁永昼,瑞脑消金兽。佳节又重阳,玉枕纱厨,半夜凉初透。 东

篱把酒黄昏后,有暗香盈袖。莫道不消魂,

帘卷西风,人比黄花瘦。

卜算子·咏梅
〔宋〕陆　游

驿外断桥边,寂寞开无主。已是

黄昏独自愁,更着风和雨。　无意苦争春,一

任群芳妒。零落成泥碾作尘,只有香如故。

卜算子·送鲍浩然之浙东
〔宋〕王　观

水是眼波横,山是眉峰聚。欲问

行人去那边？　眉眼盈盈处。才始送春归,又

送君归去。若到江南赶上春,千万和春住。

破阵子
〔宋〕晏　殊

燕子来时新社,梨花落后清明。

池上碧苔三四点,叶底黄鹂一两声,日长飞

絮轻。　巧笑东邻女伴,采桑径里逢迎。疑怪昨宵春梦好,元是今朝斗草赢,笑从双脸生。

相见欢
〔宋〕朱敦儒

金陵城上西楼,倚清秋。万里夕阳垂地大江流。　中原乱,簪缨散,几时收?试倩悲风吹泪过扬州。

卜算子·黄州定慧院寓居作
〔宋〕苏 轼

缺月挂疏桐,漏断人初静。谁见幽人独往来,缥缈孤鸿影。　惊起却回头,有恨无人省。拣尽寒枝不肯栖,寂寞沙洲冷。

武陵春
〔宋〕李清照

风住尘香花已尽，日晚倦梳头。物是人非事事休，欲语泪先流。　闻说双溪春尚好，也拟泛轻舟，只恐双溪舴艋舟，载不动许多愁。

浣溪沙
〔宋〕苏　轼

簌簌衣巾落枣花，村南村北响缲车。牛衣古柳卖黄瓜。　酒困路长惟欲睡，日高人渴漫思茶。敲门试问野人家。

满江红
〔清〕秋　瑾

小住京华，早又是，中秋佳节。为篱下，黄花开遍，秋容如拭。四面歌残终破楚，八年风味徒思浙。苦将侬，强派作蛾

眉,殊未屑!　身不得,男儿列,心却比,男

儿烈。算平生肝胆,因人常热。俗子胸襟谁

识我?英雄末路当磨折。莽红尘,何处觅知

音?青衫湿!

天净沙·秋思
〔元〕马致远
　　枯藤老树昏鸦,小桥流水人家,

古道西风瘦马。夕阳西下,断肠人在天涯。

山坡羊·潼关怀古
〔元〕张养浩
　　峰峦如聚,波涛如怒,山河表里

潼关路。望西都,意踌躇。伤心秦汉经行处,

宫阙万间都做了土。兴,百姓苦;亡,百

姓苦。

朝天子·咏喇叭
〔明〕王 磐

喇叭,唢呐,曲儿小腔儿大。官船来往乱如麻,全仗你抬声价。军听了军愁,民听了民怕。哪里去辨甚么真共假?眼见的吹翻了这家,吹伤了那家,只吹的水尽鹅飞罢!

《论语》十二章

子曰:"学而时习之,不亦说乎?有朋自远方来,不亦乐乎?人不知而不愠,不亦君子乎?"

(《学而》)

曾子曰:"吾日三省吾身:为人谋而不

忠乎？与朋友交而不信乎？传不习乎？"

(《学而》)

　　子曰："吾十有五而志于学，三十而立，

四十而不惑，五十而知天命，六十而耳顺，

七十而从心所欲，不逾矩。"

(《为政》)

　　子曰："温故而知新，可以为师矣。"

(《为政》)

　　子曰："学而不思则罔，思而不学则

殆。"

(《为政》)

　　子曰："贤哉，回也！一箪食，一瓢饮，在

陋巷，人不堪其忧，回也不改其乐。贤哉，

回也！"

(《雍也》)

子曰："知之者不如好之者，好之者不如乐之者。"

（《雍也》）

子曰："饭疏食，饮水，曲肱而枕之，乐亦在其中矣。不义而富且贵，于我如浮云。"

（《述而》）

子曰："三人行，必有我师焉。择其善者而从之，其不善者而改之。"

（《述而》）

子在川上曰："逝者如斯夫，不舍昼夜。"

（《子罕》）

子曰："三军可夺帅也，匹夫不可夺志也。"

（《子罕》）

子夏曰："博学而笃志，切问而近思，仁在其中矣。"

（《子张》）

曹刿论战
《左传》

十年春,齐师伐我。公将战,曹刿请见。其乡人曰:"肉食者谋之,又何间焉?"刿曰:"肉食者鄙,未能远谋。"乃入见。问:"何以战?"公曰:"衣食所安,弗敢专也,必以分人。"对曰:"小惠未徧,民弗从也。"公曰:"牺牲玉帛,弗敢加也,必以信。"对曰:"小信未孚,神弗福也。"公曰:"小大之狱,虽不能察,必以情。"对曰:"忠之属也。可以一战。战则请从。"

公与之乘,战于长勺。公将鼓之。刿曰:

"未可。"齐人三鼓。刿曰:"可矣。"齐师败

绩。公将驰之。刿曰:"未可。"下视其辙,登

轼而望之,曰:"可矣。"遂逐齐师。

　　既克,公问其故。对曰:"夫战,勇气也。

一鼓作气,再而衰,三而竭。彼竭我盈,故克

之。夫大国,难测也,惧有伏焉。吾视其辙

乱,望其旗靡,故逐之。"

《孟子》三则
鱼我所欲也(节选)

鱼,我所欲也;熊掌,亦我所欲

也。二者不可得兼,舍鱼而取熊掌者也。生,

亦我所欲也;义,亦我所欲也。二者不可得

兼，舍生而取义者也。生亦我所欲，所欲有

甚于生者，故不为苟得也；死亦我所恶，所

恶有甚于死者，故患有所不辟也。如使人之

所欲莫甚于生，则凡可以得生者何不用也？

使人之所恶莫甚于死者，则凡可以辟患者

何不为也？由是则生而有不用也，由是则可

以辟患而有不为也。是故所欲有甚于生者，

所恶有甚于死者。非独贤者有是心也，人皆

有之，贤者能勿丧耳。

　　　　　　景春曰："公孙衍、张仪岂不诚

富贵不能淫

大丈夫哉？一怒而诸侯惧，安居而天下熄。"

　　孟子曰："是焉得为大丈夫乎？子未学

礼乎？丈夫之冠也，父命之；女子之嫁也，母

命之，往送之门，戒之曰：'往之女家，必敬

必戒，无违夫子！'以顺为正者，妾妇之道

也。居天下之广居，立天下之正位，行天下

之大道。得志，与民由之；不得志，独行其

道。富贵不能淫，贫贱不能移，威武不能屈。

此之谓大丈夫。"

　　　　舜发于畎亩之中，傅说举于版

生于忧患，死于安乐

筑之间，胶鬲举于鱼盐之中，管夷吾举于士，孙叔敖举于海，百里奚举于市。故天将降大任于是人也，必先苦其心志，劳其筋骨，饿其体肤，空乏其身，行拂乱其所为，所以动心忍性，曾益其所不能。

人恒过，然后能改；困于心，衡于虑，而后作；征于色，发于声，而后喻。入则无法家拂士，出则无敌国外患者，国恒亡。然后知生于忧患而死于安乐也。

北冥有鱼
《庄子》

北冥有鱼，其名为鲲。鲲之大，

不知其几千里也；化而为鸟，其名为鹏。鹏

之背，不知其几千里也；怒而飞，其翼若垂

天之云。是鸟也，海运则将徙于南冥。南冥

者，天池也。《齐谐》者，志怪者也。《谐》之言

曰："鹏之徙于南冥也，水击三千里，抟扶摇

而上者九万里，去以六月息者也。"野马也，

尘埃也，生物之以息相吹也。天之苍苍，其

正色邪？其远而无所至极邪？其视下也，亦

若是则已矣。

虽有嘉肴
《礼记》
　　　　虽有嘉肴，弗食，不知其旨也；

虽有至道，弗学，不知其善也。是故学然后

知不足，教然后知困。知不足，然后能自反

也；知困，然后能自强也。故曰：教学相长

也。《兑命》曰"学学半"，其此之谓乎！

《列子》一则　　　伯牙善鼓琴，钟子期善听。伯牙

鼓琴，志在登高山。钟子期曰："善哉！峨峨

兮若泰山！"志在流水。钟子期曰："善哉！洋

洋兮若江河！"伯牙所念，钟子期必得之。伯

牙游于泰山之阴，卒逢暴雨，止于岩下。心

悲，乃援琴而鼓之。初为霖雨之操，更造崩

山之音。曲每奏,钟子期辄穷其趣。伯牙乃

舍琴而叹曰:"善哉,善哉,子之听夫!志想

象犹吾心也。吾于何逃声哉?"

邹忌讽齐王纳谏
《战国策》

邹忌修八尺有余,而形貌昳丽。

朝服衣冠,窥镜,谓其妻曰:"我孰与城北徐

公美?"其妻曰:"君美甚,徐公何能及君

也?"城北徐公,齐国之美丽者也。忌不自

信,而复问其妾曰:"吾孰与徐公美?"妾

曰:"徐公何能及君也?"旦日,客从外来,与

坐谈,问之客曰:"吾与徐公孰美?"客曰:

"徐公不若君之美也。"明日徐公来，孰视

之，自以为不如；窥镜而自视，又弗如远甚。

暮寝而思之，曰："吾妻之美我者，私我也；

妾之美我者，畏我也；客之美我者，欲有求

于我也。"

于是入朝见威王，曰："臣诚知不如徐

公美。臣之妻私臣，臣之妾畏臣，臣之客欲

有求于臣，皆以美于徐公。今齐地方千里，

百二十城，宫妇左右莫不私王，朝廷之臣莫

不畏王，四境之内莫不有求于王：由此观

之，王之蔽甚矣。"

　　王曰："善。"乃下令："群臣吏民能面刺

寡人之过者，受上赏；上书谏寡人者，受中

赏；能谤讥于市朝，闻寡人之耳者，受下

赏。"令初下，群臣进谏，门庭若市；数月之

后，时时而间进；期年之后，虽欲言，无可进

者。燕、赵、韩、魏闻之，皆朝于齐。此所谓战

胜于朝廷。

出师表(节选)
〔三国〕诸葛亮　亲贤臣，远小人，此先汉所以兴

隆也；亲小人，远贤臣，此后汉所以倾颓也。

先帝在时，每与臣论此事，未尝不叹息痛恨

于桓、灵也。侍中、尚书、长史、参军，此悉贞

良死节之臣，愿陛下亲之信之，则汉室之

隆，可计日而待也。

　　臣本布衣，躬耕于南阳，苟全性命于乱

世，不求闻达于诸侯。先帝不以臣卑鄙，猥

自枉屈，三顾臣于草庐之中，咨臣以当世之

事，由是感激，遂许先帝以驱驰。后值倾覆，

受任于败军之际，奉命于危难之间，尔来二

十有一年矣。

先帝知臣谨慎，故临崩寄臣以大事也。

受命以来，夙夜忧叹，恐托付不效，以伤先

帝之明，故五月渡泸，深入不毛。今南方已

定，兵甲已足，当奖率三军，北定中原，庶竭

驽钝，攘除奸凶，兴复汉室，还于旧都。此臣

所以报先帝而忠陛下之职分也。至于斟酌

损益，进尽忠言，则攸之、祎、允之任也。

　　愿陛下托臣以讨贼兴复之效，不效，则

治臣之罪，以告先帝之灵。若无兴德之言，

则责攸之、祎、允等之慢，以彰其咎；陛下亦

宜自谋,以咨诹善道,察纳雅言。深追先帝遗诏,臣不胜受恩感激。

桃花源记
〔东晋〕陶渊明

晋太元中,武陵人捕鱼为业。缘溪行,忘路之远近。忽逢桃花林,夹岸数百步,中无杂树,芳草鲜美,落英缤纷。渔人甚异之,复前行,欲穷其林。

林尽水源,便得一山,山有小口,仿佛若有光。便舍船,从口入。初极狭,才通人。复行数十步,豁然开朗。土地平旷,屋舍俨然,有良田、美池、桑竹之属。阡陌交通,鸡

犬相闻。其中往来种作,男女衣着,悉如外

人。黄发垂髫,并怡然自乐。

　　见渔人,乃大惊,问所从来。具答之。便

要还家,设酒杀鸡作食。村中闻有此人,咸

来问讯。自云先世避秦时乱,率妻子邑人来

此绝境,不复出焉,遂与外人间隔。问今是

何世,乃不知有汉,无论魏晋。此人一一为

具言所闻,皆叹惋。余人各复延至其家,皆

出酒食。停数日,辞去。此中人语云:"不足

为外人道也。"

既出,得其船,便扶向路,处处志之。及郡下,诣太守,说如此。太守即遣人随其往,寻向所志,遂迷,不复得路。

南阳刘子骥,高尚士也,闻之,欣然规往。未果,寻病终。后遂无问津者。

答谢中书书
〔南朝〕陶弘景

山川之美,古来共谈。高峰入云,清流见底。两岸石壁,五色交辉。青林翠竹,四时俱备。晓雾将歇,猿鸟乱鸣;夕日欲颓,沉鳞竞跃。实是欲界之仙都。自康乐以来,未复有能与其奇者。

三峡
[北魏]郦道元

自三峡七百里中，两岸连山，略无阙处。重岩叠嶂，隐天蔽日，自非亭午夜分，不见曦月。

至于夏水襄陵，沿溯阻绝。或王命急宣，有时朝发白帝，暮到江陵，其间千二百里，虽乘奔御风，不以疾也。

春冬之时，则素湍绿潭，回清倒影，绝巘多生怪柏，悬泉瀑布，飞漱其间，清荣峻茂，良多趣味。

每至晴初霜旦，林寒涧肃，常有高猿长啸，

属引凄异,空谷传响,哀转久绝。故渔者歌

曰:"巴东三峡巫峡长,猿鸣三声泪沾裳。"

马 说
〔唐〕韩 愈

世有伯乐,然后有千里马。千里马

常有,而伯乐不常有。故虽有名马,祗辱于奴

隶人之手,骈死于槽枥之间,不以千里称也。

马之千里者,一食或尽粟一石。食马者

不知其能千里而食也。是马也,虽有千里之

能,食不饱,力不足,才美不外见,且欲与常

马等不可得,安求其能千里也?

策之不以其道,食之不能尽其材,鸣之

而不能通其意，执策而临之，曰:"天下无

马!""呜呼! 其真无马邪? 其真不知马也!

陋室铭
〔唐〕刘禹锡

山不在高，有仙则名。水不在

深，有龙则灵。斯是陋室，惟吾德馨。苔痕上

阶绿，草色入帘青。谈笑有鸿儒，往来无白

丁。可以调素琴，阅金经。无丝竹之乱耳，无

案牍之劳形。南阳诸葛庐，西蜀子云亭。孔

子云:何陋之有?

小石潭记(节选)
〔唐〕柳宗元

从小丘西行百二十步，隔篁竹，

闻水声，如鸣珮环，心乐之。伐竹取道，下见

小潭，水尤清冽。全石以为底，近岸，卷石底

以出，为坻，为屿，为嵁，为岩。青树翠蔓，蒙

络摇缀，参差披拂。

潭中鱼可百许头，皆若空游无所依，日

光下澈，影布石上。怡然不动，俶尔远逝，

往来翕忽，似与游者相乐。

潭西南而望，斗折蛇行，明灭可见。其

岸势犬牙差互，不可知其源。

坐潭上，四面竹树环合，寂寥无人，凄

神寒骨，悄怆幽邃。以其境过清，不可久居，

乃记之而去。

岳阳楼记(节选)
〔宋〕范仲淹

若夫淫雨霏霏,连月不开,阴风怒号,浊浪排空;日星隐曜,山岳潜形;商旅不行,樯倾楫摧;薄暮冥冥,虎啸猿啼。登斯楼也,则有去国怀乡,忧谗畏讥,满目萧然,感极而悲者矣。

至若春和景明,波澜不惊,上下天光,一碧万顷;沙鸥翔集,锦鳞游泳;岸芷汀兰,郁郁青青。而或长烟一空,皓月千里,浮光跃金,静影沉璧,渔歌互答,此乐何极!登斯

楼也,则有心旷神怡,宠辱偕忘,把酒临风,

其喜洋洋者矣。

　　嗟夫! 予尝求古仁人之心,或异二者之

为,何哉? 不以物喜,不以己悲;居庙堂之高

则忧其民;处江湖之远则忧其君。是进亦

忧,退亦忧。然则何时而乐耶? 其必曰"先天

下之忧而忧,后天下之乐而乐"乎。噫! 微斯

人,吾谁与归?

醉翁亭记(节选)　　若夫日出而林霏开, 云归而岩
〔宋〕欧阳修

穴暝,晦明变化者,山间之朝暮也。野芳发

而幽香，佳木秀而繁阴，风霜高洁，水落而

石出者，山间之四时也。朝而往，暮而归，四

时之景不同，而乐亦无穷也。

　　至于负者歌于途，行者休于树，前者

呼，后者应，伛偻提携，往来而不绝者，滁人

游也。临溪而渔，溪深而鱼肥，酿泉为酒，泉

香而酒洌，山肴野蔌，杂然而前陈者，太守

宴也。宴酣之乐，非丝非竹，射者中，弈者

胜，觥筹交错，起坐而喧哗者，众宾欢也。苍

颜白发，颓然乎其间者，太守醉也。

已而夕阳在山，人影散乱，太守归而宾客从也。树林阴翳，鸣声上下，游人去而禽鸟乐也。然而禽鸟知山林之乐，而不知人之乐；人知从太守游而乐，而不知太守之乐其乐也。醉能同其乐，醒能述以文者，太守也。太守谓谁？庐陵欧阳修也。

爱莲说
〔宋〕周敦颐

水陆草木之花，可爱者甚蕃。晋陶渊明独爱菊。自李唐来，世人甚爱牡丹。予独爱莲之出淤泥而不染，濯清涟而不妖，中通外直，不蔓不枝，香远益清，亭亭净植，可远观而不可亵玩焉。

予谓菊，花之隐逸者也；牡丹，花之富贵者也；莲，花之君子者也。噫！菊之爱，陶后鲜有闻。莲之爱，同予者何人？牡丹之爱，宜乎众矣。

记承天寺夜游
〔宋〕苏 轼

元丰六年十月十二日夜，解衣欲睡，月色入户，欣然起行。念无与为乐者，遂至承天寺寻张怀民。怀民亦未寝，相与步于中庭。庭下如积水空明，水中藻、荇交横，盖竹柏影也。何夜无月？何处无竹柏？但少闲人如吾两人者耳。

送东阳马生序（节选）

〔明〕宋濂

余幼时即嗜学。家贫，无从致书以观，每假借于藏书之家，手自笔录，计日以还。天大寒，砚冰坚，手指不可屈伸，弗之怠。录毕，走送之，不敢稍逾约。以是人多以书假余，余因得遍观群书。既加冠，益慕圣贤之道。又患无硕师名人与游，尝趋百里外，从乡之先达执经叩问。先达德隆望尊，门人弟子填其室，未尝稍降辞色。余立侍左右，援疑质理，俯身倾耳以请；或遇其叱咄，色愈恭，礼愈至，不敢出一言以复；俟其欣

63

悦,则又请焉。故余虽愚,卒获有所闻。

湖心亭看雪
〔明〕张 岱

崇祯五年十二月,余住西湖。大雪三日,湖中人鸟声俱绝。是日更定矣,余挐一小舟,拥毳衣炉火,独往湖心亭看雪。雾凇沆砀,天与云与山与水,上下一白。湖上影子,惟长堤一痕、湖心亭一点,与余舟一芥、舟中人两三粒而已。

到亭上,有两人铺毡对坐,一童子烧酒炉正沸。见余,大喜曰:"湖中焉得更有此人!"拉余同饮。余强饮三大白而别。问其

姓氏,是金陵人,客此。及下船,舟子喃喃

曰:"莫说相公痴,更有痴似相公者!"

河中石兽(节选)
〔清〕纪　昀

一老河兵闻之,又笑曰:"凡河

中失石,当求之于上流。盖石性坚重,沙性

松浮,水不能冲石,其反激之力,必于石下

迎水处啮沙为坎穴。渐激渐深,至石之半,

石必倒掷坎穴中。如是再啮,石又再转。转

转不已,遂反溯流逆上矣。求之下流,固

颠;求之地中,不更颠乎?"如其言,果得于

数里外。

东皋薄暮望徙倚欲何依树树皆秋色山

山唯落晖牧人驱犊返猎马带禽归相顾

无相识长歌怀采薇　唐王绩诗 野望 田英章书

渡远荆门外来从楚国游山随平野尽江

入大荒流月下飞天镜云生结海楼仍怜

故乡水万里送行舟　渡荆门送别 田英章书

中岁颇好道晚家南山陲兴来每独往胜事
空自知行到水穷处坐看云起时偶然值林
叟谈笑无还期

唐王维诗 终南别业 田英章书

庭中有奇树绿叶发华滋攀条折其荣将以
遗所思馨香盈怀袖路远莫致之此物何足
贵但感别经时

古诗十九首 庭中有奇树 田英章书

时难年荒世业空弟兄羁旅各西东田园
寥落干戈后骨肉流离道路中吊影分为
千里雁辞根散作九秋蓬共看明月应垂
泪一夜乡心五处同　望月有感　田英章书

一封朝奏九重天夕贬潮阳路八千欲为
圣明除弊事肯将衰朽惜残年云横秦岭
家何在雪拥蓝关马不前知汝远来应有
意好收吾骨瘴江边　唐韩愈诗　田英章书